AMO DORMIRE NEL MIO LETTO

I LOVE TO SLEEP IN MY OWN BED

Shelley Admont

Immagini a cura di Sonal Goyal e Sumit Sakhuja

www.kidkiddos.com
Copyright©2013 by S. A. Publishing ©2017 by KidKiddos Books Ltd.
support@kidkiddos.com

All rights reserved. No part of this book may be reproduced in any form or by any electronic or mechanical means, including information storage and retrieval systems, without written permission from the publisher or author, except in the case of a reviewer, who may quote brief passages embodied in critical articles or in a review.

Tutti i diritti sono riservati. Nessuna parte di questa pubblicazione può essere riprodotta, memorizzata in sistemi di recupero o trasmessa in qualsiasi forma o attraverso qualsiasi mezzo elettronico, meccanico, mediante fotocopiatura, registrazione o altro, senza l'autorizzazione del possessore del copyright.

Second edition, 2019
Translated from English by Annalisa Langone
Traduzione dall'inglese a cura di Annalisa Langone

Library and Archives Canada Cataloguing in Publication

I Love to Sleep in My Own Bed (Italian English Bilingual Edition)/ Shelley Admont

ISBN: 978-1-5259-1372-3 paperback

ISBN: 978-1-77268-623-4 hardcover

ISBN: 978-1-77268-134-5 eBook

Please note that the Italian and English versions of the story have been written to be as close as possible. However, in some cases they differ in order to accommodate nuances and fluidity of each language.

Per quelli che amo di più-S.A.
For those I love the most-S.A.

Jimmy, un piccolo coniglietto, viveva con la sua famiglia nella foresta. Viveva in una casa bellissima con la sua mamma, il suo papà e i suoi due fratelli più grandi.

Jimmy, a little bunny, lived with his family in the forest. He lived in a beautiful house with his mom, dad, and two older brothers.

A Jimmy non piaceva dormire nel suo letto. Una sera si lavò i denti e prima di andare a dormire chiese alla sua mamma: "Mamma, posso dormire con te nel tuo letto? Non mi piace dormire da solo nel mio letto".

Jimmy didn't like to sleep in his own bed. One night, he brushed his teeth and before going to bed, he asked his mom, "Mom, can I sleep in your bed with you? I really don't like sleeping in my bed alone."

"Tesoro" disse la mamma, "tutti hanno il proprio letto e il tuo è perfetto per te".

"Sweetie," said Mom, "everyone has his own bed, and your bed suits you just right."

"Ma mamma, a me non piace affatto il mio letto," rispose Jimmy. "Voglio dormire nel tuo!"

"But, Mom, I don't like my bed at all," answered Jimmy. "I want to sleep in your bed."

"*Facciamo così*" disse la mamma, "*tu vai nel tuo letto, io ti abbraccerò, ti rimboccherò le coperte e leggerò una storia a te e ai tuoi fratelli. Poi ti darò un bacio e mi metterò seduta vicino a te fino a quando non ti addormenterai.*"

"Let's do this," said Mom, "you get into your bed, and I'll hug you, tuck you in, and read you and your brothers a story. Then, I'll give you a kiss and sit with you until you fall asleep."

La mamma abbracciò Jimmy e cominciò a leggere la favola della buona notte ai suoi tre piccoli. Mentre la mamma leggeva la favola, i tre fratellini si addormentarono.

Mom hugged Jimmy and read a bedtime story to her three children. During the story, the children fell asleep.

La mamma gli diede il bacio della buonanotte e andò in camera sua a dormire nel suo letto.

Mom gave all of them a goodnight kiss and went to sleep in her bed in her room.

Nel bel mezzo della notte, Jimmy si svegliò. Si mise seduto sul letto, si guardò intorno e vide che la mamma non era lì accanto a lui.

In the middle of the night, Jimmy woke up. He sat up in bed, looked around, and saw that Mom wasn't next to him.

Saltò giù dal letto, prese il suo cuscino e la sua coperta e si intrufolò silenziosamente nella camera della mamma e del papà. Jimmy entrò nel loro letto, abbracciò la mamma e si addormentò.

Then, he got out of bed, took his pillow and blanket, and sneaked quietly into Mom and Dad's room. He got into their bed, hugged Mom, and fell asleep.

La notte successiva, Jimmy si svegliò di nuovo. Prese il suo cuscino e la sua coperta e cercò di uscire dalla camera come la notte precedente ma, in quel preciso momento, si svegliò il fratello più grande.

The next night, Jimmy woke up again. He took his pillow and blanket, and tried to leave the room like the night before. But just then, his middle brother woke up.

"Jimmy, dove stai andando?" gli chiese.

"Jimmy, where are you going?" he asked.

"Ah, ahh…" balbettò Jimmy, "da nessuna parte. Dormi!"

"Ah, ahh…," Jimmy stuttered, "nowhere. Go back to sleep."

Jimmy corse velocemente nella camera della sua mamma e del suo papà e si intrufolò nel loro letto facendo finta di dormire.

He quickly ran to his mom and dad's room. He sneaked into their bed and pretended to sleep.

Ma il fratello più grande era completamente sveglio. Quando scoprì che Jimmy stava dormendo nel letto della mamma e del papà, si indispettì.

But his middle brother was wide awake. When he discovered that Jimmy was sleeping in their mom and dad's bed, he was very upset.

Ecco cosa succede! pensò. Quindi se lo può fare Jimmy, lo posso fare anch'io. E così si infilò anche lui nel letto dei genitori.

So that's the way it is, is it? he thought. *If Jimmy is allowed, then I want to also.* With that, he got into their parents' bed as well.

La mamma udì dei rumori strani, aprì gli occhi e vide i due piccoli nel letto. Gli fece un po' più di spazio lasciando per lei solo un piccolo angolino del letto.

Mom heard the strange noises, opened her eyes, and saw the two children in bed. She made room for them in the bed, by making do with a small corner of the bed for herself.

E così dormirono in quella posizione tutta la notte fino al mattino successivo.

Again, they slept like that the whole night until the morning.

La terza notte, accadde la stessa cosa. Jimmy si svegliò, prese il suo cuscino e la sua coperta e andò nella camera dei genitori. Questa volta però si svegliò anche il fratello maggiore.

On the third night, the same thing happened. Jimmy woke up, took his pillow and blanket, and went to his parents' room. But this time, the oldest brother also woke up.

C'è qualcosa che non va' pensò e così seguì i due fratelli più piccoli nella camera della mamma e del papà.

Something's not right here, he thought to himself and followed his two younger brothers to Mom and Dad's room.

Quando il fratello maggiore vide i suoi due fratelli più piccoli che dormivano insieme alla mamma e al papà, si ingelosì molto.

When he saw his two brothers sleeping together with Mom and Dad, he was very jealous.

Anch'io voglio dormire nel letto di mamma e papà e così saltò silenziosamente sul letto.

I also want to sleep in Mom and Dad's bed, he thought and quietly jumped into the bed.

Non era affatto comodo. La mamma e il papà rimasero svegli tutta la notte. Si girarono a destra e a sinistra per cercare di trovare la posizione più comoda.

It was really uncomfortable. Mom and Dad didn't rest the whole night. Tossing and turning, they tried to find the most comfortable way to sleep.

Non fu semplice neppure per i piccoli coniglietti che continuarono a girarsi e rigirarsi nel letto fino al mattino successivo.

It wasn't easy for the little bunnies either. They turned over and over in the bed until it was almost morning.

E improvvisamente...Boom! ...Bang! ...il letto si ruppe!

Then suddenly...Boom! ...Bang! ...the bed broke!

"Che cosa è successo?" urlò Jimmy svegliandosi improvvisamente.

"What happened?" Jimmy shouted as he woke up right away.

"Che cosa facciamo adesso?" disse tristemente la mamma.

"What are we going to do now?" said Mom sadly.

"Dobbiamo costruire un letto nuovo" esclamò il papà. "Dopo la colazione, andremo nella foresta e ci metteremo all'opera!"

"We'll have to build a new bed," Dad announced. "After breakfast, we'll go to the forest and start working."

Dopo la colazione, l'intera famiglia andò nella foresta per costruire un letto nuovo.

After breakfast, the whole family went to the forest to build a new bed.

Dopo un'intera giornata di lavoro, riuscirono a costruire un letto grande e resistente in legno. Bisognava però ancora decorarlo.

After a whole day's work, they had made a big, strong bed out of wood. The only thing left to do was decorate it.

"Abbiamo deciso di dipingere di marrone il nostro letto" disse la mamma, "e mentre noi dipingiamo il nostro, voi potete ridipingere i vostri letti con i colori che desiderate."

"We've decided to paint our bed brown," said Mom, "and while we're painting our bed, you can repaint your beds whatever colors you like."

"A me piace il blu", disse emozionato il fratello maggiore e corse a dipingere il suo letto di blu.

"I want blue," said the oldest brother with excitement and ran to paint his bed blue.

"E io scelgo il colore verde" disse felice l'altro fratello.

"And I choose the color green," said the middle brother happily.

*Jimmy prese il rosso e il giallo. Mischiò il rosso con il giallo e creò il suo colore preferito...l'***arancione***!*

Jimmy took the color red and the color yellow. He mixed the red with the yellow and made his favorite color...**orange**!

Dipinse il suo letto di colore arancione e lo decorò con delle stelle rosse e gialle.

He painted his bed orange and decorated it with red and yellow stars.

Dopo aver finito, corse dalla mamma e con orgoglio esultò: "Mamma, guarda il mio splendido letto! Mi piace tanto! Voglio dormire sempre qui!"

After he finished, he ran to Mom and proudly shouted, "Mom, look at my beautiful bed! I love my bed so much. I want to sleep in it every night."

La mamma sorrise e diede un grande abbraccio a Jimmy.

Mom smiled and gave Jimmy a big hug.

Lui ama tanto dormire nel suo letto.

Ever since then, Jimmy has slept in his orange bed every night.

Goodnight, Jimmy!
Buonanotte Jimmy!